W0054282

Die schönsten Worte

ZUR GUTEN
BESSERUNG

von

Kurt Tucholsky

Pattloch

INHALT

MEIN BLINDDARM, DER RUHT IN PALMNICKEN

Vom Leben mit Wehwehchen

DIE ANGST IM WARTEZIMMER

Von den Meistern der Heilkunst

REZEPTE GEGEN GRIPPE

Von den Wundern der Medizin

HEILIGER ÄSKULAP!

Von den Wegen der Besserung

PLÄDOYER GEGEN DIE UNSTERBLICHKEIT

Vom Leben und Weiterleben

MEIN BLINDDARM, DER RUHT IN PALMNICKEN

Vom Leben mit Wehwehchen

MOTTO

WENN EINER EINE KRANKHEIT HAT, DANN KANN ER WAS ERZÄHLEN.

ZUM ERSTEN MAL

Eines Tags in Chemie schloss ich eine Wette
und ich raucht fröhlich die erste Zigarette.
Ach! Da wurde mir so weh und krank,
und da verschwand ich plötzlich stundenlang;
mir schien, ich platzt vor Nikotin,
ich hört im Bauch die Dämpfe ziehn!
Zum ersten Mal, zum ersten Mal,
da langts nicht her noch hin!
Mir war so schwül im Sinn!
Weil ich noch ein Anfänger bin!

DER ZERSTREUTE

Mein Blinddarm, der ruht in Palmnicken;
ein Backenzahn und überdies
ein Milchzahn liegen in Saarbrücken.
Die Mandeln ruhen in Paris.

So streu ich mich trotz hohen Zöllen
weit durch Europa hin durchs Land.
Auch hat die Klinik in Neukölln
noch etwas Nasenscheidewand.

Ein guter Arzt will operieren.
Es freut ihn, und es bringt auch Geld.
Viel ist nicht mehr zu amputieren.
Ich bin zu gut für diese Welt.

Was soll ich armes Luder machen,
wenn die Posaune blasen mag?
Wie tret ich an mit meinen sieben Sachen
am heiligen Auferstehungstag?

Der liebe Gott macht nicht viel Federlesen.
»Herr Tiger!«, ruft er. »Komm hervor!
Wie siehst du aus, lädiertes Wesen?
Und wo – wo hast du den Humor?«

»Ich las« – sag ich dann ohne Bangen –
»einst den Etat der deutschen Generalität.
Da ist mir der Humor vergangen.«
Und Gott versteht.

SELBSTDIAGNOSE

Also es ist sicherlich die Blase.
Wenn ich lache, dann tut es mir weh,
und wenn ich morgens aufwache, muss
ich immer an Zuckerhüte denken. Es ist
wie eine Zwangsvorstellung – immer
Zuckerhüte. Auch mit der Verdauung ist
das nicht mehr so wie früher ... es macht
mir nicht mehr solchen Spaß.

MEIN SCHNUPFEN UND ICH

Erfahrungen vererben sich selten.
Die katholische Kirche hat da so eine Art
Erfahrungsschatz aufgespeichert, den sie ihren
Adepten, mehr oder minder symbolisch, abgibt –
sie profitiert sehr davon. Man kann da
viel lernen, wenn man da etwas lernen kann.
Aber zum Beispiel bei der Erziehung ...
Da haben unsre Väter gesagt: »Hör auf mich –
ich bin ein alter erfahrener Mann ...«
Nun, wir haben nicht gehört. Ob zum Schaden
oder zum Nutzen, ist eine andre Sache –
aber gehört haben wir nicht. Jeder will sich
seinen Schnupfen allein holen.

HILFREICHE FRAGEN IM KRANKHEITSFALL

Ja, wer tommt denn da –?
Ja, wo hattu denn dein Wehwehchen?
Wer ist hier so keck? So rund?
So erschröcklich verwegen –?

DAS UNIVERSALMITTEL

SO, WIE ES GEGEN
KOPFSCHMERZEN
EIN WIRKLICHES
UNIVERSALMITTEL GIBT:
NÄMLICH STARKE
ZAHNSCHMERZEN ...

VORBEUGUNG IST WICHTIG

Mir fehlt eigentlich nie etwas Rechtes,
aber es gibt so nette kleine Mittel,
die sich hübsch einkaufen: Baldrian oder
doppelkohlensaures Natron
oder Jodtinktur … irgendetwas wird man
schon damit anfangen können.

SIE SIND DAS GEWÖHNT

*Man sage doch nicht, dass ›die Leute dies
gewöhnt seien‹ – das erinnert an den
Ausspruch jenes Kellners,
der da beim Austernservieren sagte:
»Ja, die Austern sterben sofort,
wenn man die Schale öffnet. Aber sie
sind das gewöhnt!«*

IMMER

Mensch, sei nicht neidisch!

Glück hat seinen Schimmer ...

Stehst du im Tal, vergiss nicht vor den Höhn:

Das, was man einmal tut, ist schön.

Doch was man immerzu tun genötigt ist,

ist weniger schön.

Brathuhn ist gut. Was aber tätst du tun,

gibt man dir jeden Tag gebratenes Huhn?

Na, siehst du. Sowas schätzt du auch daneben ...

Sei helle!

Lebe du dein eigenes Leben.

GÖTTLICHE FÜGUNG

JEDER SCHMERZ
WIRD VERGESSEN. DAS HAT
DER LIEBE GOTT SO
WEISE EINGERICHTET.

ERKENNTNIS DER STATISTIK

DER DURCHSCHNITTLICHE
STÄDTISCHE MITTELEUROPÄER
BEFINDET SICH FAST IMMER IM
VORSTADIUM DER NEUROSE.

DIE ANGST
IM WARTEZIMMER

Von den Meistern der Heilkunst

WAS JEDER TAG WILL

WENN ZWEI ÄRZTE DERSELBEN MEINUNG SIND, DANN IST EINER DAVON ÜBERHAUPT KEIN ARZT.

WENN DU ZUM ARZT GEHST

Wenn du zum Arzt gehst,
ob ... ob nicht ... vielleicht ...
die Angst im Wartezimmer,
bevor du herankommst!
Nie wieder! schwörst du dir leise –
es ist dein dreiundachtzigster Schwur
in dieser Beziehung ...
wenn du zum Arzt läufst, für nichts empfänglich,
mit einer einzigen fixen Idee im Kopf:
dann häusern sie da um dich herum
und – da kannst du machen, was du willst –
sie werden länger leben als du.

DIE KLEINE EITELKEIT
DER KRANKEN

Wir lächeln über die kleine Eitelkeit der Kran-
ken, die im Wartezimmer einander zutuscheln:
›Der Doktor hat gesagt, so einen Plattfuß wie
meinen Plattfuß hat er überhaupt noch nie
gesehen –‹, denn der Mensch ist ein stolzes
Wesen. Aber wenn es ins Seelische geht, dann
wollen sie alle zusammen nicht wahrhaben,
dass es etwas gibt, das da durch alle Seelen
geht, ohne sie nun gleich zu Serienartikeln zu
machen; etwas Grundlegendes, etwas allen Ge-
meinsames, etwas dem Menschen Anhaftendes.
Sie möchten so gern Individuen sein. Zur Masse
gehört immer einer mehr, als jeder glaubt.

DER KRANKENKASSEN-PATIENT

»ARZT SEIN HEISST: DER STÄRKERE
SEIN«, HAT SCHWENINGER GESAGT.
KRANKENKASSEN-PATIENT SEIN
HEISST: DER SCHWÄCHERE SEIN.

WARTEZIMMER-GESPRÄCHE

Die Ärzte unter meinen Lesern kennen die »Wartezimmer-Gespräche« in den Polikliniken, wo Frau Knautschke Fräulein Lindemüller von ihrem großen Ding am Knie erzählt, und was der Doktor gesagt hat, was man da tun müsse, und was man nicht tun dürfe ... Jeder gibt seinen Senf dazu, Schauergeschichten steigen zur Decke, und alle sind schwere Fälle, und alle wollen bemitleidet und sehr ernst genommen werden. An guten Ratschlägen von allen Seiten fehlts nicht. Das, genau das, ist die Luft von Lourdes. Ich habe die Unterhaltungen alter Frauen auf dem großen Platz während der Prozession mit angehört: kein Komma war anders als in der Berliner Charité vor der allgemeinen Sprechstunde. »Un denn, Frau Millern, ick hab imma heiße Linsen mein' Mann hinten ruffjepackt – das hat'n ja sehr jut jetan …« Auf die Art.

SPRECHSTUNDE

Der Professor: Das Gehör?

Der Zeisig: Ausgezeichnet.

Der Professor: Waren Sie mal geschlechtskrank?

Der Zeisig: Fast gar nicht.

Der Professor: Rauchen Sie?

Der Zeisig: Ja. Aber nur orthopädischen Tabak.

Der Professor: Alkohol?

Der Zeisig: Nur Wein, Bier und etwas Likör.

Der Professor: Ihre politische Zugehörigkeit?

Der Zeisig: Deutsche Staatspartei.

Der Professor *ist beruhigt. Linksleute behandelt er nicht, wegen fein.* Sie rauchen also? Welche Sorte? Das ist wichtig.

Der Zeisig: Ich rauche Brasilzigarren und türkische Zigaretten ... hauptsächlich.

Der Professor *ist froh, dass der Mann überhaupt raucht. Er blickt hier und da auf eine verborgene Aschenschale, in der sich eine Zigarre allein raucht:* Jedenfalls rauchen Sie nicht zu viel! Ihr Haarschnitt?

Der Zeisig: ?–?

Der Professor: Hinten zu kurz. Diese Mode befördert die Erkältungen.

ÄRZTLICHER RATSCHLAG

SIE SIND VÖLLIG GESUND UND
BEDÜRFEN DEMGEMÄSS EINER
GRÜNDLICHEN BEHANDLUNG.
ZU EINER SORGE IST DURCHAUS
KEIN ANLASS GEGEBEN –
IMMERHIN: SEIEN SIE VORSICHTIG,
SONST KÖNNTE IHNEN EINES
TAGES ETWAS PASSIEREN.

BERUFSAUSSICHTEN

DER DICKE ASSISTENZARZT
SAGTE ZU MIR: »ES IST DOCH EIN
GROSSER VORTEIL FÜR MICH,
FÜNF SPRACHEN ZU SPRECHEN.
DAMIT KANN MAN ÜBERALL
HOTELPORTIER WERDEN.«

VOM ZWECK DER MEDIZIN

Schlagen Sie sich den Gedanken aus
dem Kopf, mit aller Gewalt gesund zu werden –
das ist nicht der Zweck der Medizin.
Die Medizin ist eine Wissenschaft, also der
Missbrauch einer zu diesem Zweck erfundenen
Terminologie. Laien verspüren leicht Schmerzen:
das ist völlig irrelevant. Es handelt sich
nicht darum, den Schmerz zu beseitigen –
es handelt sich darum, ihn in eine Kategorie
zu bringen! Hier ist das Rezept.

DER MEDIZINISCHE QUATSCH

»... da werden Sie mir nichts erzählen! Ich habe
einen Onkel, der kannte den Medizinalrat
Dr. Proppke vom Städtischen Krankenhaus sehr
gut! Nein, meine Herren – in medizinischen
Fragen bin ich nun also kompetent, sozusagen!
Also, sehn Sie mal: die Lunge treibt das Blut
durch die Aorta, oben fließt es rein, und unten
fließt es wieder raus – da haben die Nieren
überhaupt nichts mit zu tun, das können Sie mir
glauben! Aber die Milz, die Milz, meine Herren,
die hat ja nun mehr eine Funktion, und wenn
die Milz sprechen könnte, da würde sie sagen –«

VORSCHLAG FÜR ÄRZTE

Lass mich in Ruh mit den Ärzten!
Na ja, im Krieg – da sind sie ja
manchmal ganz nützlich gewesen, aber
wir haben jetzt keinen Krieg.
Neulich stand in der Zeitung, bei den
Chinesen werden die Leibärzte so
lange bezahlt, wie der Patient gesund ist,
und wenn er krank wird, kriegen
sie nichts mehr …

SOWOHL ALS AUCH

Wenn man aber von einem Arzt das Äußerste an Arbeit, Geistesgegenwart, Kenntnissen und Verantwortungsgefühl verlangt, dann muss man ihm, denke ich, das auch entgelten: durch das Gefühl der Dankbarkeit und den Respekt vor einer Arbeit, deren Einzelheiten man nicht kennt. Was gewiss nicht hindern soll, seine Mitmenschen vor den operationswütigen Schneidermeistern oder vor Ärzten zu warnen, die ... Politik und Heilkunde zu deren beiderseitigem Schaden vermengen.

LOB DES ARZTES

Heilung pflegt viele Leute derart aufzurichten, dass sie, wenn die Kur fertig ist, auf den Heilenden heruntersehen; denn das Gefühl, man könne einen Arzt eben nicht nur mit Geld ablohnen wie einen Chauffeur, ist wenig verbreitet. »Soll ich ihm vielleicht noch Blumenkörbe ins Haus schicken?« – Nein, Herr Meier; aber Sie tun gut daran, zu bedenken, dass Ihnen der Arzt neben der erlernten Anwendung seines Wissens seelische Heilwirkung hat zukommen lassen – wenn er nämlich ein guter Arzt ist.

UND EIN KLEINER TADEL

ER WAR EITEL WIE EIN CHIRURG,
RECHTHABERISCH WIE EIN JURIST UND
GUTMÜTIG WIE EIN SCHARFRICHTER
NACH DER HINRICHTUNG.

REZEPTE GEGEN GRIPPE

Von den Wundern der Medizin

DIE APOTHEKE

DIE APOTHEKE IST DAS HEILIGENBILD DES UNGLÄUBIGEN KLEINEN MANNES.

PHARMAZEUTISCHE ERKENNTNIS

Es gibt nur fünfzehn Medikamente, seit Hippokrates selig, und doch ist es einer weitentwickelten Industrie von Chemieunternehmen und den Fabriken zur serienweisen Herstellung von Ärzten gelungen, aus diesen zehn Medikamenten vierundvierzigtausendvierhundertundvierundvierzig gemacht zu haben; manche werden unmodern, die werfen wir dann fort. Ja, verdient wird auch daran. Aber das ist es nicht allein: die Leidenden wollen das so. Sie glauben nicht nur an den Wundermann – Professor oder Laien –, sie glauben auch an diese buntetikettierten und sauber verpackten Dinge, die mit ...»in« oder mit ...»an« aufhören und eben einige jener zehn Medikamente in neuer Zusammensetzung enthalten.

VORSORGE-
MASSNAHMEN

GEBT DEN LEUTEN MEHR SCHLAF –
UND SIE WERDEN WACHER SEIN,
WENN SIE WACH SIND.

REZEPTE GEGEN GRIPPE

*Fleisch, Gemüse, Suppe, Butter,
Brot, Obst, Kompott und Nachspeise
sind während der Grippe tunlichst zu
vermeiden – Homöopathen lecken
am besten täglich je dreimal eine
Fünf-Pfennig-Marke, bei hohem Fieber
eine Zehn-Pfennig-Marke.*

ERSTE ANZEICHEN

*Beim ersten Herannahen der Grippe,
erkennbar an leichtem Kribbeln in der
Nase, Ziehen in den Füßen, Hüsteln,
Geldmangel und der Abneigung, morgens
ins Geschäft zu gehen, gurgele man
mit etwas gestoßenem Koks sowie einem
halben Tropfen Jod. Darauf pflegt dann
die Grippe einzusetzen.*

RATSCHLÄGE ZUR BEHANDLUNG

Bei Grippe muss unter allen Umständen
das Bett gehütet werden – es braucht nicht das
eigene zu sein. Während der Schüttelfröste
trage man wollene Strümpfe, diese am besten
um den Hals; damit die Beine unterdessen
nicht unbedeckt bleiben, bekleide man sie mit
je einem Stehumlegekragen. Die Hauptsache
bei der Behandlung ist Wärme: also ein
römisches Konkordats-Bad. Bei der Rückfahrt
stelle man sich auf eine Omnibus-Plattform,
schließe aber allen Mitfahrenden den Mund,
damit es nicht zieht.

ALTERNATIVE BEHANDLUNGSMETHODEN

Die Schulmedizin versagt vor der Grippe gänzlich. Es ist also sehr gut, sich ein siderisches Pendel über den Bauch zu hängen: schwingt es von rechts nach links, handelt es sich um Influenza; schwingt es aber von links nach rechts, so ist eine Erkältung im Anzuge. Darauf ziehe man den Anzug aus und begebe sich in die Behandlung Weißenbergs. Der von ihm verordnete weiße Käse muss unmittelbar auf die Grippe geschmiert werden; ihn unter das Bett zu kleben, zeugt von medizinischer Unkenntnis sowie von Herzensroheit.

WELCHE MEDIKAMENTE HELFEN?

ASPIROL. PYRAMIDIN. BYSOPEPTAN. OHROLAX.
PRIMADONNA. BELLAPHOLISIIN. AETHYL-
PHENIL-LEKARYL-PARAPHERINAN-DYNAMIT-
ACETHYLEN-KOOLLOMBAN-PIPOROL.
BEI LETZTEREM MITTEL GENÜGT ES SCHON,
DEN NAMEN MEHRERE MALE SCHNELL HINTER-
EINANDER AUSZUSPRECHEN. MAN NEHME ALLE
DIESE MITTEL SOFORT, WENN SIE AUFKOMMEN –
SOLANGE SIE NOCH HELFEN, UND ZWAR
IN ALPHABETISCHER REIHENFOLGE, CH IST EIN
BUCHSTABE. DOPPELKOHLENSAURES
NATRON IST AUCH GESUND.

SPRITZEN WIRKEN!

BESONDERS BEWÄHRT HABEN
SICH NACH DER BEHANDLUNG DIE
SOGENANNTEN PROPHYLAKTISCHEN
SPRITZEN (LAC, GRIECHISCH:
SO VIEL WIE ›MILCH‹ ODER ›SEE‹).
DIESE SPRITZEN HEILEN AM BESTEN
GRIPPEN, DIE BEREITS VORBEI
SIND – DIESE ABER IMMER.

INTERNATIONALER VERGLEICH

Amerikaner pflegen sich bei Grippe Umschläge mit heißem Schwedenpunsch zu machen; Italiener halten den rechten Arm längere Zeit in gestreckter Richtung in die Höhe; Franzosen ignorieren die Grippe so, wie sie den Winter ignorieren, und die Wiener machen ein Feuilleton aus dem jeweiligen Krankheitsfall. Wir Deutsche aber behandeln die Sache methodisch: Wir legen uns erst ins Bett, bekommen dann die Grippe und stehen nur auf, wenn wir wirklich hohes Fieber haben: dann müssen wir dringend in die Stadt, um etwas zu erledigen. Ein Telefon am Bett von weiblichen Patienten zieht den Krankheitsverlauf in die Länge.

WISSENSWERTES ZUR GRIPPE

Die Grippe wurde im Jahre 1725 von dem englischen Pfarrer Jonathan Grips erfunden; wissenschaftlich heilbar ist sie seit dem Jahre 1724. Die glücklich erfolgte Heilung erkennt man an Kreuzschmerzen, Husten, Ziehen in den Füßen und einem leichten Kribbeln in der Nase. Diese Anzeichen gehören aber nicht, wie der Laie meint, der alten Grippe an – sondern einer neuen. Die Dauer einer gewöhnlichen Hausgrippe ist bei ärztlicher Behandlung drei Wochen, ohne ärztliche Behandlung 21 Tage. Bei Männern tritt noch die sog. ›Wehleidigkeit‹ hinzu; mit diesem Aufwand an Getue kriegen Frauen Kinder.

LETZTE ERKENNTNIS

DIE GRIPPE IST KEINE KRANKHEIT – SIE IST EIN ZUSTAND –!

ALLES VERBOTEN

Alles haben sie mir verboten: Schmalz und
Gänsebutter und Kalbsgrieben und Zucker und
Brot und Suppe und Wein und Aal und alles –:
mein Essen wird in kleinen Vogelnäpfen serviert,
und morgens beim Masseur stoße ich schon
immer den Atem aus, damit ich leichter scheine;
bald bin ich gar nicht mehr vorhanden, dann
wiege ich minus drei Pfund und bekomme beim
Weggang vom Sanatorium noch etwas heraus ...
Alles haben sie mir verboten. Ich nähre mich
von Luft, Musik und Liebe.

HEILIGER ÄSKULAP!

Von den Wegen der Besserung

MERKSPRUCH

GESUND WIRD NUR,
WER WILL.

STOSSSEUFZER

Wenn wir was brauchen, dann haben wirs nicht;
und wenn wir es kriegen, dann wollen wirs nicht.
Lieber Gott! sei doch nur einmal gescheit
und gib uns die Dinge zu ihrer Zeit –!

DER KOMPETENTE PATIENT

Es war da ein alter Mann, der kam zum Arzt seines Gehörs wegen. Der Arzt horchte, sah und sprach: »Lieber Herr, Sie trinken viel Alkohol?« – »Ja«, sagte der Mann. »Nun gut«, sagte der Arzt. »Jetzt sind Sie noch schwerhörig. Wenn Sie aber so weitermachen, wenn Sie weiterhin so saufen, dann sind Sie Ihr Gehör in spätestens einem halben Jahr gänzlich los.« Und schrieb dem Patienten allerlei auf. Nach sechs Monaten

kam der Mann wieder. – »Wie gehts?«, fragte der Arzt. »Hä?«, machte der Patient. »Wies geht?«, brüllte der Arzt. Nichts. Der Mann verstand nichts. Er war stocktaub. Der Arzt musste ihm seine Fragen aufmalen. »Sie haben also doch getrunken –?«

Da hob der taube Mann die Augenlider und sah den Arzt lange an. »Herr Doktor«, sagte er, »alles, was ich gehört habe, war nicht so gut wie Schnaps.«

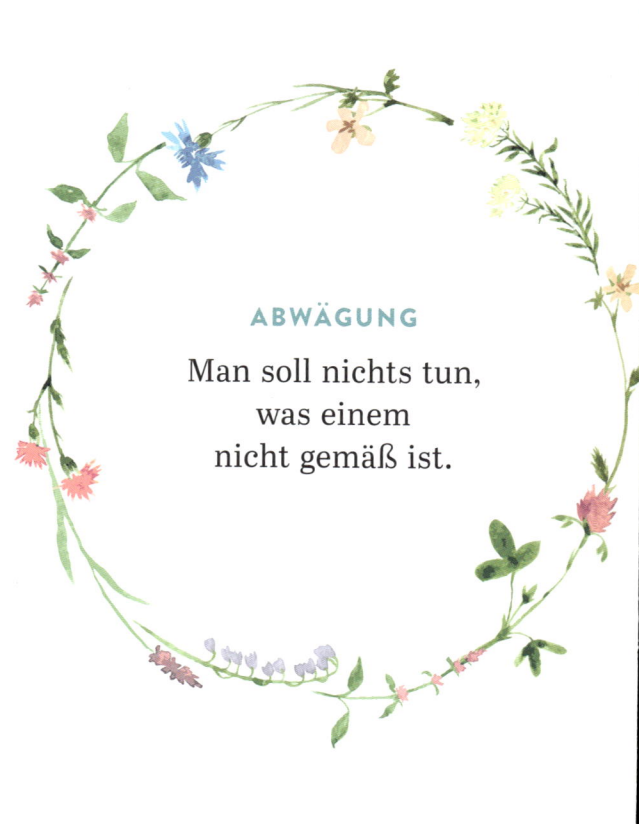

ABWÄGUNG

Man soll nichts tun,
was einem
nicht gemäß ist.

KRANKHEIT UND BESSERUNG

MACHT EINEN ANFANG.
GEHT IN EUCH.
TUT KEINE BUSSE –
ABER BEGINNT WIEDER
ZU LEBEN.

ZUR FRAGE DES KÖRPERGEWICHTS

DICK SEIN IST KEINE PHYSIOLOGISCHE EIGENSCHAFT – DAS IST EINE WELTANSCHAUUNG.

DER SCHÖNSTE AUGENBLICK

Der schönste Augenblick am Tag
ist doch der, wo man morgens unter der
Brause hervorkriecht und das Wasser von
einem abtropft. Was dann noch kommt,
taugt eigentlich nicht mehr viel.

ANSPRÜCHE

Was wollen wir denn alle Großes?
Gesundheit; die Mittel, die nötig sind,
um in unserer Klasse zu leben; keine
übermäßigen menschlichen Katastrophen
in der Liebe oder mit den Kindern –
schließlich, so erheblich sind unsere
Ansprüche gar nicht.

UMDENKEN

Manchmal soll man die Dinge desillusionieren. Das ist sehr gesund. Es verlegt die Gehirnmoleküle in lehrreicher Weise, es fördert die geistige Verdauung, beseitigt die Gedankenträgheit und macht frei. Dann sehen wir plötzlich den Wald, den wir vorher vor lauter Bäumen nicht gesehen haben.

HEILMITTEL LIEBE

LIEBE IST: ERFÜLLUNG, LAST UND MEDIZIN.

GELBE PILLEN

Mittags lange Unterhaltung mit einem Kneipen-
wirt. Locarno? Die französischen Schulden an
Amerika? Die neue Poesie? Nein, aber die Katze
war lungenkrank, denken Sie nur, und da kenne
ich aus dem Kriege einen Stabsarzt, der verkehrt
hier im Lokal, und der hat mir diese kleinen
gelben Pillen gegeben, hier, sehen Sie? Und
davon ist die Katze gesund geworden. Die Gäste,
die mit der Lunge nicht in Ordnung sind, neh-
men die Pillen jetzt auch, und seitdem essen sie
viel mehr. Die Katze liegt unterdessen auf dem
»Zinc«, dem Schanktisch, und schnurrt mit halb-
geschlossenen Augen. Sie ist geheilt und hat den
Arzt längst vergessen. Das soll vorkommen.

ANMERKUNG ZU WUNDERN

Grade die Wunder.
Sie haben ihre Gesetze.

LASSET UNS BETEN!

Heiliger Äskulap! der du die Ärzte eingesetzt
hast, auf dass sie eine Beschäftigung haben,
sowie die meschuggenen Patienten, auf dass sie
Valerian bekommen, so es Kassenpatienten
sind, Insulin aber, so sie es bezahlen können;
der du die Heilmethoden erfunden hattest, die

da wechseln wie die Hutmoden und kleidsam
sind bis zum Exitus; der du alljährlich auf die
Menschheit einen ganzen Waschkorb junger
Doktoren loslässt, die den Herrn Wendriner
mit Fremdwörtern und mit dem neuen Medika-
ment Eizeïn behandeln; der du den medizinischen Spießer zum Erzpriester machst, weil
der Patient seinen Wundermann braucht!
Heiliger Äskulap! der du die Chirurgen geschaffen hast, auf dass das Überflüssige am Menschen entfernt werde, und die Hals-Spezialisten,
auf dass die Chirurgen nicht alles allein operieren; der du die Gynäkologen schufest, die zu
Ende führen, was der Ehemann so unvollkom-
men angefangen; welches Wunder, dass diese
Ärzte noch Frauen lieben – aber siehe: grade

diese lieben Frauen! Der du Homöopathen und Allopathen schufest, damit der Kranke wenigstens weiß, wovon ihm schlecht wird; sowie auch die Hautärzte, die sich über gar nichts mehr wundern; und die Psychiater, die aus Seelenverwandtschaft mit den Verrückten sogar die Vornamen der Geisteskrankheiten kennen! Heiliger Äskulap! der du die Doktoren geschaffen hast, deren Wissen zusammenknallt, wenn sie selber einmal Patienten sind; Mediziner, die so lange Fortschritte machen, bis sie wieder bei Hippokrates angelangt sind: gepriesen werde dein Namen –!
Amen.

PLÄDOYER GEGEN DIE UNSTERBLICHKEIT

Vom Leben und Weiterleben

DEN MEISTEN LEUTEN
SOLLTE MAN IN
IHR WAPPEN SCHREIBEN:
WANN EIGENTLICH,
WENN NICHT JETZT?

UND SONST SO?

Wenn jetzt einer hereinkäme und mich fragte: »Was machen Sie eigentlich hier –?«, ich müsste antworten: »Ich vertreibe mir so mein Leben.«

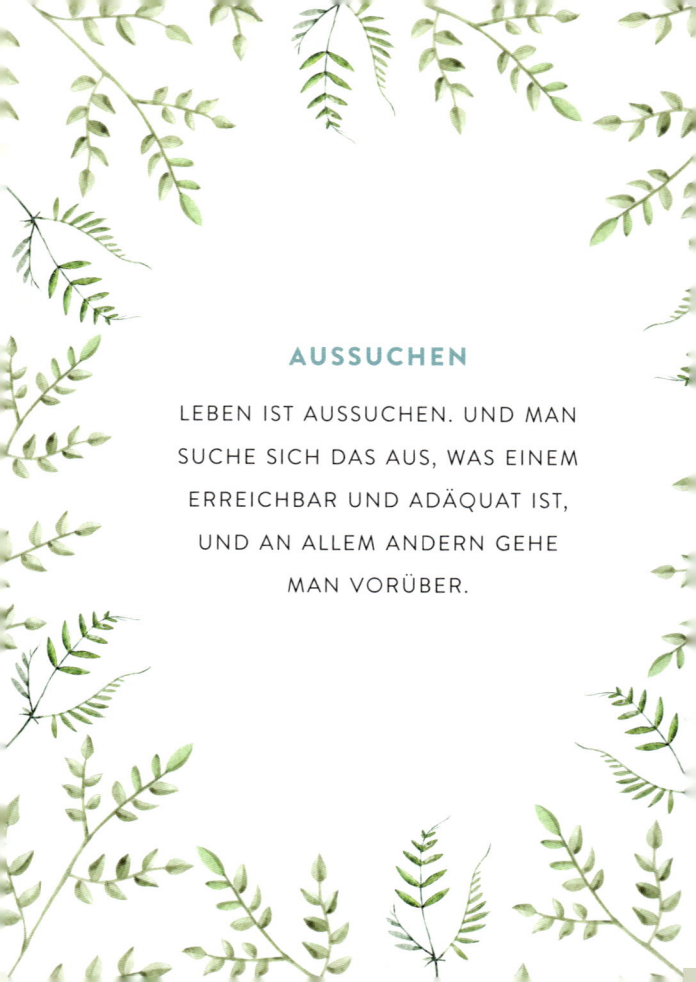

AUSSUCHEN

LEBEN IST AUSSUCHEN. UND MAN
SUCHE SICH DAS AUS, WAS EINEM
ERREICHBAR UND ADÄQUAT IST,
UND AN ALLEM ANDERN GEHE
MAN VORÜBER.

HIMMLISCHER SCHALTER

*Schade, dass es nicht im Himmel
einen Schalter gibt, bei dem man
sich erkundigen kann, wie es unten
nun wirklich gewesen ist.*

ÜBERGÄNGE

»Jede Zeit«, lautet der flachste aller Gemein-
plätze, »ist eine Übergangszeit.«
Ja. Dass doch einer aufstände und an die Laterne
brüllte: dass er nicht mehr mitmachen will –
und dass es ein Plunder ist, ein herrlicher, und
dass es anders werden soll – und dass
nicht die Dinge regieren sollen, sondern der
Mensch ... ach, du grundgütiger Himmel.
Da – hier haben Sie einen philosophischen Sechser:
Jedes Leben ist ein Übergang – von der Geburt
an bis zum Tode. Machen Sie sich dann einen
vergnügten Lebensabend ...

FUNDAMENTALREGEL

DIES IST, GLAUBE ICH,
DIE FUNDAMENTALREGEL ALLES SEINS:
›DAS LEBEN IST GAR NICHT SO.
ES IST GANZ ANDERS.‹

ALLES GEHT WEITER

ES IST NIEMALS ALLES AUS. ALLES GEHT
WEITER – EINE SEHR SCHMERZLICHE
ERFAHRUNG, DIE MAN ERST ZIEMLICH SPÄT
LERNT. ALLES GEHT WEITER. WAS ABER,
WENN ES DOCH WEITER GEHT, UND MAN
DENKT, ALLES SEI AUS ... WAS DANN?

EINE FRAGE DER PERSPEKTIVE

Vom Stationsvorsteher aus gesehn sieht der
tägliche Abschied der Reisenden an den Zügen
recht stereotyp aus. Von der Krankenschwester
aus gesehn hat der Tod ein andres Gesicht als
vom Trauernden aus gesehn. Alles, was man
regelmäßig und berufsmäßig tut, versteinert.
Man sollte auch seine eignen Erlebnisse vom
Stationsvorsteher aus sehen können.

UNSER LEBEN

UNSER LEBEN GEHÖRT UNS.
OB WIR FEIGE SIND ODER NICHT,
OB WIR ES HINGEBEN WOLLEN
ODER NICHT – DAS IST UNSRE
SACHE UND NUR UNSRE.

Der Pessimist. »Ich werde
also eines Tages sterben.
Natürlich – das kann auch
nur mir passieren!«

MEDIA IN VITA

Die läuft rum, die mir die Augen zudrückt:
eine Krankenpflegerin.
Ordnet noch die Fläschchen auf dem Nachttisch,
wenn ich schon hinüber bin.
Leise kreuzt sie meine Hände übern Bauch.
Das ist ein Beruf wie andre auch.

Jeden Morgen, wenn ich mich rasiere,
denk ich in dem Glanz des Lampenscheins,
während ich mich voller Seife schmiere:

jetzt sinds nur noch x-mal minus eins.
Und da steh ich voller Schaum und Frömmigkeit,
und ich tu mir außerordentlich leid.

Da, wo sich die Parallelen
schneiden, fliege ich dann hin.
Ach, ich werde mir doch mächtig fehlen,
wenn ich einst gestorben bin,
Andern auch –? Wer seine Augen aufmacht, sieht:
Sterben ist, wie wenn man einen Löffel
aus dem Kleister zieht.

DIE ZEITBREMSE

HAT ES EINEN WERT, DIE ZEIT ANZUHALTEN?
IST ES NICHT VIEL, VIEL SCHÖNER,
DIE ZEIT AUSKOSTEN ZU MÜSSEN, HASTIG,
GIERIG, SCHLÜRFEND – WEIL MAN ANGST HAT,
DASS SIE ZERRINNT UND VERFLIEGT?
BESTEHT NICHT DARIN DER WERT ALLER
GROSSEN UND KLEINEN FREUDEN, DASS SIE
VERGÄNGLICH SIND?

PLÄDOYER GEGEN
DIE UNSTERBLICHKEIT

In fünfzig Jahren ist alles vorbei –
und spätestens in hundert. Unsterblichkeit ...?
Glaubs nicht. Schwör sie ab.
Lass sie unsterblich werden, alle miteinander.
Für dich gibt es nur ein Wort, wenn
du weise bist, es richtig auszusprechen.
Heute.

© 2021 Pattloch Verlag
Ein Imprint der Verlagsgruppe
Droemer Knaur GmbH & Co. KG, München

Gesamtgestaltung und Satz: Christina Krutz, Biebesheim am Rhein
Umschlagillustration und Bilder im Innenteil: Shutterstock.com
Gesamtherstellung: Grafisches Centrum Cuno GmbH & Co. KG, Calbe

Printed in Germany

ISBN 978-3-629-00398-0

www.pattloch.de

2 4 5 3 1